Hydroponik für Fortgeschrittene :

Der ultimative Leitfaden für den hydroponischen und aquaponischen Garten

Friedrich Zimmermann

Copyright Alle Rechte vorbehalten.

Dieses eBook wird ausschließlich zu dem Zweck bereitgestellt, relevante Informationen zu einem bestimmten Thema zu liefern, für das alle angemessenen Anstrengungen unternommen wurden, um sicherzustellen, dass es sowohl korrekt als auch angemessen ist. Mit dem Kauf dieses eBooks erklären Sie sich jedoch damit einverstanden, dass sowohl der Autor als auch der Herausgeber in keiner Weise Experten für die hierin enthaltenen Themen sind, ungeachtet etwaiger Behauptungen, die als solche aufgestellt werden könnten. Alle Vorschläge oder Empfehlungen, die in diesem Buch gemacht werden, dienen daher nur der Unterhaltung. Es wird empfohlen, dass Sie immer einen Fachmann konsultieren, bevor Sie die hier besprochenen Ratschläge oder Techniken anwenden.

Dabei handelt es sich um eine rechtsverbindliche Erklärung, die sowohl vom Ausschuss der Verlegervereinigung als auch von der American Bar Association als gültig und fair angesehen wird und in den Vereinigten Staaten als rechtsverbindlich gelten sollte.

Die Reproduktion, Übertragung und Vervielfältigung des hierin enthaltenen Inhalts, einschließlich spezifischer oder erweiterter Informationen, wird unabhängig von der Endform, die die Informationen letztendlich annehmen, als illegale Handlung betrachtet. Dies gilt auch für die Vervielfältigung des Werkes in physischer, digitaler und Audioform, es sei denn, es liegt eine ausdrückliche Zustimmung des Herausgebers vor. Alle weiteren Rechte vorbehalten.

Darüber hinaus werden die Informationen, die auf den hier beschriebenen Seiten zu finden sind, als korrekt und wahrheitsgemäß angesehen, wenn es um die Wiedergabe von Fakten geht. In diesem Sinne ist der Herausgeber von jeglicher Verantwortung für Handlungen, die außerhalb seines direkten Einflussbereiches liegen, befreit, unabhängig davon, ob diese Informationen richtig oder falsch verwendet werden. Ungeachtet dessen gibt es keinerlei Szenarien, in denen der ursprüngliche Autor oder der Verlag in irgendeiner Weise für Schäden oder Unannehmlichkeiten haftbar gemacht werden können, die sich aus den hier besprochenen Informationen ergeben.

Darüber hinaus dienen die Informationen auf den folgenden Seiten nur zu Informationszwecken und sind daher als allgemeingültig zu betrachten. Sie werden naturgemäß ohne Gewähr für ihre fortdauernde Gültigkeit oder vorläufige Qualität präsentiert. Die Erwähnung von Warenzeichen erfolgt ohne schriftliche Zustimmung und kann in keiner Weise als Zustimmung des Warenzeicheninhabers gewertet werden.

KAPITEL 1	6
Wie Pflanzen in Hydroponik funktionieren	6
Photosynthese	7
Die Produktion von Nahrung in den Blättern einer Pflanze	8
Transpiration	10
Transportsysteme innerhalb einer Anlage	10
Pflanzennährstoffe	11
Osmose	12
Wachstumshormone	14
KAPITEL ZWEI	15
Die wichtigsten Nährstoffe	15
Stickstoff	15
Phosphor	16
Kalium	16
Kalzium	17
Magnesium	17
Schwefel	17
Eisen	18
Mangan	18
Zink	18
Kupfer	19
Bor	19
Molybdän	20
KAPITEL DREI	23
Die Nährstoffformel	23

Formel Nummer eins für "To Waste"-Systeme	24
Gramm pro 100 Liter	24
Formel Nummer zwei	25
VIERTE KAPITEL	28
Ausrüstung	28
Lagertanks	28
Nährstoffzeilen	29
Pumpen	29
Ventile	30
Anbaubehälter	31
C F (Leitfähigkeit) Prüfgeräte	33
Hydroponische Steuerungen	35
PH-Meter	37
KAPITEL FÜNF	41
Einrichten eines Systems	41
Schritt eins: Überprüfen der Wasserversorgung	41
Schritt zwei: Planung der Anbaufläche	43
Schritt drei: Der Fäkalientank	46
Manuelle Systeme	47
Automatische Systeme	49
Schritt Vier: Installieren einer automatischen Steuerung	51

KAPITEL EINS
Wie Pflanzen funktionieren in Hydroponik

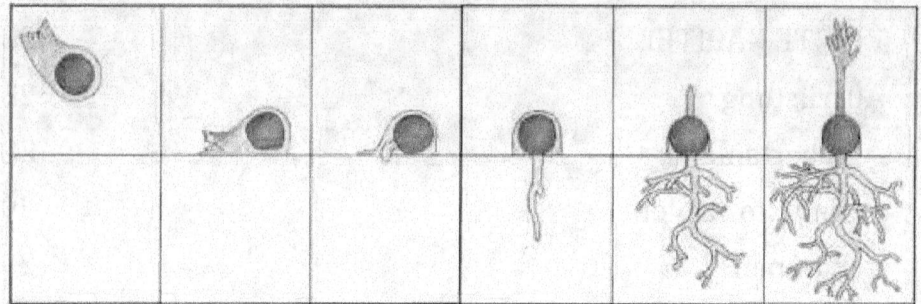

Die wohl wichtigste Voraussetzung für den erfolgreichen Betrieb eines Hydroponiksystems ist ein klares Verständnis der Funktionsweise der Pflanzen. Mit diesem Wissen werden Sie in der Lage sein zu erkennen, warum die Bestandteile eines hydroponischen Systems enthalten sind und warum bestimmte Maßnahmen ein besseres Wachstum der Pflanzen bewirken, während andere der Gesundheit schaden können.

Wie Pflanzen wachsen

Eine junge Wurzelspitze entwickelt sich aus einem Samen, der seine Richtung in den Boden drückt.

Sie werden schnell verstehen, wie die meisten Pflanzen funktionieren, wenn Sie sich ansehen, wie Bäume wachsen. Die Geschichte beginnt mit dem Samen, der die Verbreitungseinheit im Lebenszyklus eines Baumes ist. Jeden Herbst verstreuen die Elternbäume Tausende von Samen über den Waldboden, die später im Frühjahr sprießen.

Die Keimung beginnt, wenn der trockene Samen das Wasser aus dem Boden zieht und der Samen aufweicht und anschwillt. Einige Tage später wächst durch Zellteilung eine winzige Wurzel, die sich zu einer sichtbaren Wurzel entwickelt, die durch die Samenschale austritt, sich nach unten biegt und in den Boden eindringt. Dann wachsen der Wurzel winzige Wurzelhaare, mit denen der neue Baum das Wasser aufnimmt, das er für sein Wachstum benötigt. Die Mineralien, die der sich entwickelnde Baum benötigt, sind im Wasser gelöst. Nach einigen Wochen beginnen sich Astwurzeln zu entwickeln, die ihrerseits weitere Astwurzeln abwerfen, wenn sie sich kräftiger entwickeln.

Überraschenderweise bleibt das Wurzelsystem oberflächlich. Tiefe Pfahlwurzeln sind selten, denn Wurzeln in den Oberflächenschichten des Bodens erfüllen ihre Funktionen am besten. Das Wachstum von Größe und Substanz der Wurzeln eines Baumes wird durch die gesunde Funktion der grünen Blätter des Baumes aufrechterhalten.

Photosynthese

Wenige Tage, nachdem sich der Samen aus den ersten Wurzeln gelöst und seinen Weg in die Erde gebahnt hat, hat der Samen auch seinen ersten kleinen Spross gebildet. Alle Samen des Baumes enthalten ein oder mehrere Keimblätter, die so genannten Keimblätter. Das Aufwärtswachstum des ersten kleinen Triebes des Baumes setzt sich für den Rest seines Lebens fort. Die oberirdischen Triebe werden wie die Wurzeln des Baumes durch die sich entwickelnden Blätter an den Trieben ernährt. Die Photosynthese wird als der Schlüsselprozess bezeichnet. Dies bedeutet wörtlich übersetzt aus dem Griechischen "Aufbau mit Hilfe des Lichts".

Die Photosynthese ist im Wesentlichen der Prozess, durch den Pflanzen Lichtenergie einfangen und nutzen.

Grüne Pflanzen erscheinen grün, da sie grünes Licht reflektieren und die anderen Farben, die das "weiße" Licht ausmachen, absorbieren. Chlorophyll ist das Pigment, das den Pflanzen diese grüne Farbe verleiht, und diese Substanz wird hauptsächlich zum Einfangen von Licht verwendet. Das Chlorophyll, das die photosynthetische Reaktion steuert, befindet sich in verschiedenen Zellen in den Blättern, den Chloroplasten. Pflanzen müssen das Sonnenlicht absorbieren, weil es ihnen die Energie liefert, die sie für die Produktion der für ihr Wachstum benötigten Nahrung benötigen .

Die Produktion von Nahrung in den Blättern einer Pflanze

Die Blätter einer Pflanze filtern ständig einen Luftstrom durch ihr Gewebe, das eine offene Struktur mit vielen Luftkanälen aufweist. Die Luft besteht aus etwa vier Teilen Stickstoff zu einem Teil Sauerstoff sowie einer winzigen, aber bedeutenden Menge Kohlendioxid. Die Pflanze braucht Kohlenstoff, um neues Gewebe zu bilden, was wir als Wachstum wahrnehmen. Das Chlorophyll in den Blättern extrahiert mit Hilfe der Energie des Sonnenlichts das Kohlendioxid aus der Luft und verbindet es mit Wasser zu Chemikalien, die als Kohlenhydrate bezeichnet werden.

Eine bekannte Art von Kohlenhydraten ist Zucker. Glukosezucker ist ein lösliches Kohlenhydrat, das bei der Photosynthese entsteht und ungehindert durch die ganze Pflanze fließen kann, da es die notwendige Nahrung für jedes Wachstum und die Energie für alle Lebensvorgänge liefert. Die Blätter, Triebe, Wurzeln, der verholzte Stängel, die Blüten und schließlich die Früchte und Samen sind alle daraus aufgebaut. Die Pflanzen nutzen die in den Kohlenhydraten gespeicherte Energie durch einen Prozess, der als Atmung bezeichnet wird.

Sie sehen, dass die Photosynthese ein wichtiger Prozess für Pflanzen ist, denn ohne sie würden die Kohlenhydrate oder Zucker, die die Pflanze für ihr Wachstum benötigt, nicht produziert werden. Sie ist auch für den Menschen wichtig, denn beim Einfangen der Lichtenergie wird Sauerstoff vom Wasser getrennt und an die Atmosphäre abgegeben. Grüne Pflanzen entziehen der Luft also das Kohlendioxid, das Menschen und andere Tiere einatmen, und setzen den Sauerstoff frei, auf den wir zum Überleben angewiesen sind.

Transpiration
Zwischen 80 und 95 Prozent des Gewichts einer Pflanze bestehen aus Wasser. Pflanzen nehmen Wasser über ihre Wurzeln auf und verlieren bis zu 98 Prozent ihres Wasserbedarfs durch einen Prozess namens Transpiration. Dies geschieht, wenn die Luft, die durch die Gänge in den Blättern der Pflanze strömt, große Mengen an Wasser mit sich führt. Der Luftstrom ist notwendig, damit die Pflanze den für die Produktion von Kohlenhydraten benötigten Kohlenstoff aufnehmen kann. Außerdem muss die Pflanze ihren Wasservorrat aufrechterhalten. Es ist daher nicht verwunderlich, dass die Wurzelsysteme der Pflanzen äußerst effizient Wasser aus dem Boden ziehen, während andere Strukturen innerhalb der Pflanze das Wasser entgegen der Schwerkraft effizient transportieren können, bei manchen Bäumen bis zu 100 Meter hoch.

Transportsysteme innerhalb einer Anlage
Es gibt zwei Haupttypen von Gefäßen, die es ermöglichen, dass Wasser und Nährstoffe in Form von Saft von den Wurzeln aufwärts fließen und die Kohlenhydratlösung durch die ganze Pflanze fließt. Die Xylemgefäße enthalten den Saft, der von den Wurzeln zu den Blättern fließt, während die Phloemgefäße die in den Blättern produzierten Kohlenhydrate enthalten, die um die Pflanze herum und hinunter zu den Wurzeln fließen, wo sie in Stärke umgewandelt und gespeichert werden können. Bei den meisten Pflanzen sind diese beiden Leitungsbahnen, das Xylem und das Phloem, in Leitbündeln organisiert, die im Stamm der Pflanze nach oben verlaufen. Wenn sie die Blätter der Pflanze erreichen, nehmen sie die Form von Adern an.

Xylem und Phloem sind in den Ästen und Stämmen der Bäume in einem anderen Muster angeordnet. Sie sind unter der Rinde auf beiden Seiten einer Zellschicht, dem Kambium, gruppiert. Der Wurzelsaft steigt auf der Innenseite der Kambiumschicht auf, während auf der Außenseite der Kambiumschicht der Kohlenhydrat- oder Zuckersaft durch das Phloemgewebe, das Bast genannt wird, absteigt.

Auf dieser Seite der Kambiumschicht erzeugt die Kohlenhydratlösung neues Wachstum, das in Verbindung mit einer Schrumpfung dieser Zellen im Sommer die beim Durchschneiden eines Baumes sichtbaren Wachstumsringe bildet. In jedem Frühjahr öffnen sich die Zellen wieder, so dass der Saft entweichen kann und ein neuer Ring mit neuem Wachstum unter der Rinde entsteht.

Pflanzennährstoffe

Das Xylem der Pflanzen transportiert nicht nur Wasser, sondern auch gelöste Mineralien ins Wasser. Für ein gesundes Wachstum benötigen Pflanzen die meisten, wenn nicht alle, von mindestens siebzehn verschiedenen Elementen. Neun dieser Elemente - große Mengen an Kohlenstoff, Wasserstoff, Sauerstoff, Stickstoff, Phosphor, Kalium, Schwefel, Kalzium und Magnesium - werden als Makronährstoffe benötigt.

Die ersten drei: Kohlenstoff, Wasserstoff und Sauerstoff aus Kohlendioxid und Wasser, der Rest aus dem Boden.

Die übrigen sieben Nährstoffe, die als Mikronährstoffe oder Spurenelemente bekannt sind, werden in geringeren Mengen benötigt, sind aber dennoch für ein gesundes Wachstum der Pflanzen entscheidend. Es handelt sich um Titan, Mangan, Bor, Zink, Molybdän, Kupfer und Chlor. Wenn der Pflanze einer dieser Mineralstoffe fehlt, leidet das Wachstum der Pflanze in irgendeiner Weise.

Manche Böden sind in einigen Aspekten unzureichend, so dass Pflanzen, die in ihnen wachsen, Symptome eines Mangels an den fehlenden Elementen zeigen. Auch im Boden kann das Produkt vorhanden sein, aber nicht in einer löslichen Form, die es der Pflanze ermöglicht, es aufzunehmen. Das ist einer der Gründe, warum hydroponisch angebaute Pflanzen ein schnelles und gesundes Wachstum aufweisen. Alle Nährstoffe, die sie benötigen, sind immer im richtigen Verhältnis vorhanden, ebenso wie das so wichtige Wasser, in dem die Nährstoffe gelöst sind.

Osmose

Der Prozess, durch den Pflanzen die im Wasser gelösten Mineralstoffe aufnehmen, wird Osmose genannt. Die Tendenz von Flüssigkeiten, eine halbdurchlässige Membran zu durchdringen und sich miteinander zu vermischen, wird als Osmose bezeichnet. Eine halbdurchlässige Membran ist etwas, das es ermöglicht, durch einige Dinge hindurchzugehen, durch andere jedoch nicht. Bei Pflanzen benötigen die kleinen Härchen an den Wurzeln in Wasser gelöste Nährstoffe, um in das Wurzelsystem zu gelangen, lassen aber zum Beispiel keine Erdteilchen in die Pflanze eindringen.

Osmose ist ein wichtiger Mechanismus, der sowohl bei Pflanzen als auch bei Tieren zu finden ist. Bei Tieren wird verdaute Nahrung durch Osmose in den Blutkreislauf aufgenommen. Die Zellen in den Wurzelhaaren einer Pflanze enthalten eine dichte Lösung von Salzen und organischen Säuren. Da diese Lösung stärker ist als die schwache Lösung der in Wasser gelösten Nährstoffe im Boden, herrscht ein starker osmotischer Druck, der die schwache Lösung durch die Zellwände treibt, um sich mit der dichten Lösung zu vermischen. Dieser Osmoseprozess setzt sich von Zelle zu Zelle fort, so dass die im Bodenwasser gelösten Nährstoffe in die Wurzeln der Pflanze gelangen und schließlich die gesamte Pflanze durchdringen.

Osmose kann auch in umgekehrter Richtung funktionieren und eine Pflanze töten. Wenn manche Gärtner eine große Menge an löslichem Dünger um eine Pflanze herum ausbringen, entsteht eine Situation, in der die Lösung im Boden stärker ist als in der Pflanze. Infolgedessen verliert die Pflanze ihre Feuchtigkeit, verwelkt und stirbt oft ab. Da die Nährstofflösung, die den hydroponisch angebauten Pflanzen zugeführt wird, dosiert werden kann, lässt sich diese Situation leicht vermeiden.

Pflanzen, die hydroponisch angebaut werden und die benötigten Nährstoffe erhalten, können sich sogar in einem Maße entwickeln, das Pflanzen, die im Boden wachsen, normalerweise nicht erreichen. Ihre Wurzeln werden extrem gut genährt und reichern große Mengen an Mineralsalzen an. Da die Salzlösung in den Wurzelzellen der Pflanzen so stark ist, wird die Fähigkeit dieser Zellen, Wasser aufzunehmen, erhöht. Anstatt dass Wasser und Nährstoffe durch Osmose durch das Xylem der Pflanze nach oben wandern, können die Wurzeln so viel Wasser aufnehmen, dass das Wasser durch das Xylem nach oben gedrückt wird. Die Wurzeln wirken also wie eine Pumpe. Dieser Zustand wurde als "Wurzeldruck" bezeichnet und beschleunigt die Entwicklung der übrigen Pflanze.

Wachstumshormone

Die weitere Erforschung des Wachstums von Pflanzen hat es möglich gemacht, die Wachstumsrate von Pflanzen noch weiter zu beschleunigen. Im Allgemeinen wächst eine Pflanze in den verschiedenen Teilen der Pflanze unterschiedlich schnell. Einige Teile der Pflanze wachsen ähnlich schnell, die Wurzeln und die Triebe wachsen nicht übereinander hinaus, weil sie voneinander abhängig sind. Beide brauchen sich gegenseitig, die Sprossen brauchen die Mineralien, die von den Wurzeln gewonnen werden, und die Wurzeln brauchen die Photosyntheseprodukte der Blätter an den Sprossen. In den Pflanzen gibt es spezielle Botenmoleküle, die als Hormone bezeichnet werden und die Wachstumsgeschwindigkeit der Pflanzen steuern.

Hormone werden in verschiedenen Teilen einer Pflanze gebildet und in winzigen Mengen um die Pflanze herum transportiert, was sich auf die Art des Wachstums auswirkt, das in den Zellen stattfindet, aus denen die Pflanzen bestehen. Inzwischen gibt es synthetische Hormone, die in eine Nährlösung für Hydrokulturen gegeben werden können, um das Wachstum zu steigern, das einigen dieser Hormone zugeschrieben wird. Blüte und Fruchtbildung sind zwei entscheidende Entwicklungen im Wachstum einer Pflanze, an denen Hormone beteiligt sind. Hormone reagieren auf Veränderungen in der Umwelt und stimulieren Blüte und Fruchtbildung. Die Blüte wird zum Beispiel häufig durch die Tageslänge gesteuert, eine Reaktion, die als Photoperiodismus bekannt ist. Blumenzüchter können heute mit Geräten, die die Lichtmenge für ihre Pflanzen regeln, und mit Wachstumshormonen die Blüte zu fast jeder Jahreszeit auslösen.

KAPITEL ZWEI
Die wesentlichen Nährstoffe

Stickstoff

Stickstoff ist eines der wichtigsten Elemente, die zum Wachstum einer Pflanze beitragen. Pflanzen verwenden Stickstoff zur Bildung von Aminosäuren und Proteinen, die für das neue Wachstum der Zellen benötigt werden. Stickstoff verteilt sich schnell in der Pflanze und fördert das neue Wachstum auf Kosten des älteren Blattwerks. Jeder Mangel führt zu einer Schwächung des neuen Wachstums und zu einer verkümmerten Pflanze. Der Mangel macht sich in der Regel zuerst an den älteren Blättern einer Pflanze bemerkbar, die ihre grüne Farbe verlieren und allmählich gelb werden. Dies liegt daran, dass Stickstoff in den Blättern für den grünen Sauerstoff, der den Farbstoff Chlorophyll produziert, unerlässlich ist.

Die kleinen Blätter werden bei anhaltender Knappheit ebenfalls gelb, und die Adern auf der Unterseite der Blätter färben sich rot oder violett. Bei Gemüsepflanzen kann es zur Samenbildung kommen. Ein Übermaß an Stickstoff beeinträchtigt auch die Frucht- oder Samenbildung der meisten Pflanzen

Phosphor

Ein weiterer wesentlicher Faktor für das Pflanzenwachstum, Phosphor, ist ebenfalls entscheidend für die Photosynthese und die Zellbildung der Pflanzen. Er wirkt als Katalysator, der in diesem Fall die Energieübertragung für die Pflanze erleichtert. Phosphor ist wichtig für die Entwicklung eines guten Wurzelsystems und wird auch für die Bildung der Blüten und Samen einer Pflanze benötigt. Da Phosphor, ebenso wie Stickstoff, in der Pflanze sehr mobil ist, macht sich ein Mangel in der Regel an der Farbe der Blätter der Pflanze bemerkbar. Ein Mangel an Phosphor führt zu einer tiefgrünen Färbung der Blätter.

Kalium

Kalium wirkt wie Phosphor als Katalysator für die Aktivierung oder Auslösung einer Reihe von Pflanzenfunktionen in der Pflanze. Es ist eine Quelle für Pflanzenenzyme, die Krankheiten abwehren und eine wichtige Rolle bei der Entwicklung von Zellen spielen.

Die Fleckenbildung älterer Blätter an Pflanzen und die Vergilbung von Blättern entlang ihrer Adern können auf einen Kaliummangel hindeuten. Auch dieser Nährstoff ist in der Pflanze beweglich, so dass die älteren Blätter zuerst einen Mangel aufweisen. Pflanzen, denen dieser Nährstoff fehlt, können ihre Früchte verlieren, bevor sie reif sind.

Kalzium

Kalzium ist das Element, das die sich bildenden Zellwände in Pflanzen unterstützt. Es hilft, Überschüsse anderer Elemente abzupuffern, und ist ein wichtiger Bestandteil der Wurzelstruktur einer Pflanze. Da Kalzium in Pflanzen nicht sehr mobil ist, liegt es in älteren Pflanzen in höherer Konzentration vor. Bei einem Kalziummangel leidet daher zuerst das neue Wachstum. Das ältere Wachstum behält sein Kalzium, aber dem neuen Wachstum wird dieses wichtige Element fehlen. Die frischen Blattspitzen und die aufsteigenden Spitzen neigen bei Kalziummangel zum Absterben, und die Blätter weisen eine braune bis schwarze Verbrennung auf, auch ist ein niedriger Kalziumgehalt die Ursache der Blütenendfäule, die oft als schwarzer Schorf auf dem Boden der Tomatenfrucht zu sehen ist.

Magnesium

Ein weiterer wesentlicher Faktor für die Photosynthese in Pflanzen ist Magnesium. Es ist lebenswichtig für das Chlorophyllmolekül und wird auch in der Saatguterzeugung häufig verwendet. Ein Mangel kann die Blätter einer Pflanze vergilben lassen und sich von der Mitte zu den äußeren Rändern des Blattes ausbreiten. Schließlich verfärben sich die Blätter orange. Ein Magnesiummangel führt zu weiteren Problemen, wenn Sie aus den produzierten Samen weitere Pflanzen anbauen wollen, da diese missgebildet sind und eine schlechte Keimrate aufweisen. Magnesium wirkt als Phosphorträger in der Pflanze und fördert die Bildung von Ölen, Fetten und Säften.

Schwefel

Wie Kalzium ist auch Schwefel wichtig für die Gewebestruktur einer Pflanze. Er gehört zu den pflanzlichen

Eiweißbestandteilen und spielt eine wichtige Rolle bei der Erzeugung der meisten Geschmacks- und Geruchsstoffe der Pflanzen. Wenn die jüngeren Blätter einer Pflanze blass werden, deutet dies auf einen Mangel an Schwefel hin. Trotz des anhaltenden Wachstums neigt die Pflanze dazu, hart und verholzt zu sein, und ihr radiales Wachstum nimmt nur wenig zu. Innerhalb einer Pflanze bewegt sich der Schwefel nicht viel.

Eisen

Eisen ist für die Chlorophyllproduktion in Pflanzen erforderlich und wird bei der Photosynthese verwendet. Ein Eisenmangel beeinträchtigt das neue Wachstum der Pflanzen, die Blätter werden fast weiß und die Blattadern zeigen eine deutliche Vergilbung.

Eisen ist nicht sehr mobil und wird von den Pflanzen nicht leicht aufgenommen, so dass es schwierig ist, es zu ersetzen, wenn es verloren gegangen ist. Eisen ist ein wichtiger Mikronährstoff, den alle Pflanzen und Tiere benötigen.

Mangan

Mangan ist an vielen pflanzlichen Enzymen beteiligt, insbesondere an denen, die Nitrate vor der Eiweißproduktion abbauen. Die fleckige Gelbfärbung der jüngeren Blätter ist im Allgemeinen ein Zeichen für Manganmangel. Vor allem an Zitrusbäumen bilden sich nur kleine, gelbe Blätter und entwickeln sich nicht weiter. Auch die Bildung neuer Blütenknospen ist davon betroffen.

Zink

Zink ist ein Bestandteil von Wachstumshormonen und auch für die meisten pflanzlichen Enzyme unerlässlich. Zink ist ein weiteres Element, das, wenn es einmal verloren ist, nicht leicht ersetzt werden kann. Die neuen, zinkarmen Pflanzenblätter sind stark unterdimensioniert. Zink erhöht die Energiequelle für die Chlorophyllproduktion und fördert auch die Wasseraufnahme. Dies ist einer der Gründe, warum Pflanzen, denen Zink fehlt, verkümmern können. Auch die Bildung von Auxinen, Hormonen, die das Wachstum der Pflanzenzellen fördern, hängt teilweise vom Vorhandensein von Zink ab.

Kupfer
Pflanzen verwenden Kupfer als Aktivator oder Katalysator für verschiedene wichtige Enzyme. Ein Mangel an Kupfer führt dazu, dass neues Wachstum nachlässt oder manchmal unregelmäßig wächst, wobei neue Triebe oft absterben. Manchmal können die Früchte während der Reifezeit brechen, insbesondere bei warmen Temperaturen. Kupfer erhöht den Zuckergehalt von Zitrusfrüchten und macht Nutzpflanzen wie Karotten, Spinat und Äpfel bunter. Bei der Bildung von Hämoglobin im tierischen Blut ist Kupfer wichtig für die Verwendung von Eisen.

Bor
Bei diesem Element äußert sich Bormangel im Allgemeinen durch ein langsames Absterben des Pflanzengewebes, insbesondere um den Hauptwachstumspunkt und die Wurzelspitze oder den Mittelpunkt. An den Früchten von Pflanzen mit Bormangel entstehen Risse, die von klein bis ziemlich groß reichen. Häufig werden die Wurzeln hohl und zerfallen. Bor ist nicht nur wichtig für die Bestäubung und die Samenbildung, sondern auch für die normale Zellteilung und Proteinbildung.

Molybdän

Molybdän wird von den Pflanzen bei der Bildung von Proteinen verwendet und beeinflusst die Fähigkeit der Pflanze, atmosphärischen Stickstoff zu binden. Blasse Blätter, die an den Rändern verbrannt erscheinen, können auf einen Mangel hinweisen. Manchmal können sich die Blätter auch verformen. Brokkoli, Rosenkohl, Kopfsalat, Blumenkohl und andere Kohlsorten bilden bei Molybdänmangel keine ausreichenden Blätter aus. Molybdän ist auch für Pflanzen wie Erbsen wichtig, die Stickstoff fixierende Bakterien nutzen, um Knöllchen an ihren Wurzeln zu bilden. Erst nach einer detaillierten Beschreibung der Funktionen dieser Nährstoffelemente lässt sich feststellen, dass sie alle für die Erzeugung gesunder Pflanzen unerlässlich sind.

Sie fragen sich vielleicht, wie Pflanzen in einem Boden gedeihen können, in dem in unterschiedlichem Maße eines oder mehrere dieser wesentlichen Elemente fehlen. In der freien Natur, die nicht durch den Menschen verunreinigt ist, wachsen Pflanzen sehr gut. Nur Pflanzen, die für extrem arme Böden geeignet sind, wachsen auf diesen Böden. Außerdem verändern die Pflanzen den Boden allmählich, indem sie ihn mit ihrem Wurzelsystem aufbrechen, und einige tragen sogar dazu bei, die Nährstoffe im Boden zu ersetzen, z. B. haben Erbsen stickstofffixierende Bakterien in den Hülsenfrüchten an ihren Wurzeln. Einige Pflanzenarten werden sich zwangsläufig auch auf den mangelhaftesten Böden etablieren und den Weg für andere Arten ebnen, die ihnen später folgen können.

Häufig entwickeln sich komplexe Pflanzengemeinschaften, wie z. B. die einheimischen Wälder Neuseelands, die dem

Boden große Mengen an Humus zuführen, wenn alter Bewuchs abbricht, um Platz für neues Wachstum zu schaffen. Die verzweigten Wurzelsysteme der einheimischen Bäume halten diesen fruchtbaren Boden an Ort und Stelle, während die dichte Laubdecke den Boden feucht hält und so ideale Bedingungen für Farne und andere Unterwuchsarten schafft.

Wenn man sie in Ruhe lässt, reagieren Pflanzen auf ihre Umgebung und verändern sie sehr effektiv. Die Schwierigkeiten entstehen, wenn Menschen versuchen, eine große Zahl von Menschen zu versorgen und komplexe Monokulturen anzulegen. Einzelne Pflanzensorten werden auf großen Flächen angebaut, was den großflächigen Einsatz von Pestiziden zur Beseitigung von Rivalen und anderen Chemikalien zur Krankheitsbekämpfung ermöglicht. Der im Boden verbliebene Humus aus den früheren Urwäldern wird bald aufgebraucht sein, so dass laufend große Mengen an Dünger ausgebracht werden müssen, der zwar die Pflanzen mit den benötigten Nährstoffen versorgt, aber nicht die Funktion des Humus ersetzt, den Boden in einem leichten, belüfteten und bearbeitbaren Zustand zu halten.

Während des Bauprozesses befindet sich der Hausgärtner in einer ähnlichen Situation auf einem neuen Abschnitt, auf dem nur noch ein Minimum an Mutterboden vorhanden ist, um eine Grasschicht wachsen zu lassen. Um einen Gemüsegarten oder Obstbäume anzulegen, muss der Mutterboden (und Kompost) zurückgegeben werden. Um den Humusgehalt des Bodens zu erhöhen, sind Dünger und Kompost erforderlich. Der Hausgärtner wird jedoch dadurch behindert, dass ihm die fachliche Anleitung von Experten fehlt, die häufig damit beauftragt sind, die Bodenverhältnisse in den Gebieten zu untersuchen, in denen viel angebaut wird, und die geeignete

Düngung zu empfehlen. Vorbeugen ist für den Hausgärtner, der eine Vielzahl von Pflanzen anbauen möchte, besser als heilen. Die Lösung besteht darin, den Gemüsegartenboden ständig mit Dünger und Kompost zu versorgen, anstatt auf die oben beschriebenen Mangelerscheinungen zu warten.

Die hydroponische Produktion verringert die Probleme, die mit schlechten Böden verbunden sind, und ist sowohl für gewerbliche als auch für heimische Kulturen nährstoffarm. Anstatt große Mengen an Düngemitteln für eine große Fläche zu verwenden, auf der Pflanzen angebaut werden sollen, kann der kommerzielle Anbauer die benötigten Mengen in einem kompakten hydroponischen System zirkulieren lassen, indem er nur bei Bedarf weitere Nährstoffe hinzufügt.

Hydroponische Systeme verringern die Probleme, mit denen Hausgärtner konfrontiert sind, wenn ein Dünger, der einer Pflanzengemeinschaft zugeführt wird, einem anderen Dünger entgegenwirkt, der auf mehrere Pflanzen in der Nähe ausgebracht wird. Außerdem ist es einfach, Pflanzen in großen Mengen zu ernähren. Einige wichtige Faktoren müssen in kleinen Mengen vorhanden sein, da eine zu hohe Konzentration für die Pflanzen giftig sein kann. Hervorragende hydroponische Nährstoffprodukte, die für die jeweilige Kultur hergestellt werden, enthalten die richtigen Nährstoffe im richtigen Verhältnis für ein optimales Wachstum und lassen sich mit kostengünstigen, effizienten und leicht verfügbaren Geräten leicht messen.

KAPITEL DREI
Die Nährstoffformel

Da Sie nun wissen, welche Rolle die verschiedenen Nährstoffelemente in den Pflanzen spielen, und eine Vorstellung von der schlechten Pflanzengesundheit haben, die durch einen Mangel an diesen lebenswichtigen Elementen verursacht wird, kann ich Ihnen eine typische Nährstoffformel beschreiben, damit Sie einen Einblick in die Art und Weise erhalten, wie diese Elemente Ihren Pflanzen in einem hydroponischen Anbausystem zur Verfügung gestellt werden. Die wesentlichen Elemente, aus denen die Nährstoffmischungen bestehen, sind Stickstoff, Kalzium, Kalium, Phosphor, Bor, Kupfer, Eisen, Mangan, Magnesium, Zink, Schwefel und Molybdän.

Es gibt eine Reihe weiterer Elemente, die der Wissenschaft bekannt sind und die ebenfalls eine Rolle für das Wachstum von Pflanzen spielen. Dazu gehören Natrium, Selen, Chlor, Vanadium und Kobalt. Diese Elemente sind in der Regel nicht in der Nährstoffmischung enthalten, da sie nur in äußerst geringen Mengen benötigt werden, und zwar so gering, dass sie mit Sicherheit in ausreichender Menge als Verunreinigungen in der Mischung vorhanden sind. Es kann durchaus sein, dass auch andere Elemente benötigt werden, ebenfalls in mikroskopisch kleinen Mengen, doch ist das Vorhandensein dieser Elemente als Verunreinigungen so gering, dass es äußerst schwierig ist, sie nachzuweisen. Einige Elemente werden auch aus anderen Quellen als der Nährstoffmischung gewonnen. Die Luft liefert einige dieser Elemente, ebenso wie die Wasserversorgung.

Es gibt zwei Möglichkeiten, eine Nährstoffmischung zu erhalten: Sie können sie in Form von fertig gemischtem

Pulver bei verschiedenen Anbietern kaufen oder sie selbst mischen. Wenn Sie ein kommerzieller Züchter mit einem großen Betrieb sind, werden Sie wahrscheinlich zumindest Ihre eigenen wichtigen Komponenten mischen wollen. Einige experimentierfreudige Heimanbauer möchten vielleicht auch ihre eigene Mischung herstellen, aber Sie werden es einfacher finden, einfach ein fertiges Produkt zu kaufen. Solange Sie nicht mehr als 100 Kilogramm Trockensalze pro Jahr verbrauchen, sind die Kosteneinsparungen durch das Mischen eines eigenen Produkts minimal. Es ist wie mit dem eigenen Auto: Sie fahren es vielleicht gerne, aber es macht wenig Sinn, ein paar Cent zu sparen, indem Sie Ihr eigenes Benzin mischen. Wie auch immer, hier sind einige Formeln für diejenigen, die sie verwenden möchten oder wissen wollen, woraus die verschiedenen Mischungen bestehen. Sie werden feststellen, dass die Mischungen aus zwei Teilen bestehen. Dies dient der Lagerung, um Ausfällungen zwischen den verschiedenen Bestandteilen des Gemischs zu vermeiden.

Formel Nummer eins für "To Waste"-Systeme

Gramm pro 100 Liter

Beutel A- Calciumnitrat_____80.9

- Beutel B-Kaliumsulfat_____55.4
- Potassium Phosphate_____17.7
- Ammoniumphosphat_____9.9
- Magnesium Sulphate_____46.2
- Iron EDTA_____3.27

- Manganese Sulphate_____0.02
- Boric Acid_____0.172
- Zinc Sulphate_____0.044
- Ammonium Molybdate_____0.005

Sie verwenden diese Formel nach Volumen und sollten die Elemente in den angegebenen Mengen in 100 Litern Wasser auflösen. Hinweis: Versuchen Sie nicht, die oben genannten Mengen in einem kleineren Wasservolumen aufzulösen, da es zu chemischen Ausfällungen kommt, die den Nährstoff im Wesentlichen zerstören)

Formel Nummer zwei

Die folgende Zutat wird in zwei separaten Behältern mit 25 Litern sauberem Wasser aufgelöst, um zwei Konzentrate für die Verwendung in Kreislaufsystemen herzustellen (kann auf Wunsch auch in "To Waste"-Systemen verwendet werden)

- Beutel A Kalziumnitrat_____2.5 Kg
- Die folgenden Zutaten werden in 25 Liter sauberem Wasser aufgelöst
-
- Beutel b-Kaliumnitrat_____1.5 Kg
- Monokaliumphosphat_____0.5 Kg
- Magnesiumsulfat_____1.3 Kg

- T.E. (Spurenelement) MIX_____0.1 Kg (100 Gramm)

Bei der Herstellung des TE (Trace Element Mix) hilft es, in größeren Mengen zu arbeiten, um Probleme beim Abwiegen kleiner Teile zu vermeiden, so dass es ungefähr

- 10 kg TE-Mischung:
- Eisenchelat
- 7,5 kg Mangan
- Sulfat 1.4Kgs
- Borsäure
- Kupfersulfat
- Zinksulfat (Mono)
- 85 Gramm Ammonium
- Molybdat 20 Gramm

Mit dieser Mischung können Sie nun Ihre eigenen Nährstoffe mit einem dieser Stoffe mischen.

Neben der Vereinfachung des Mischens der Nährlösung hat die Verwendung einer komplexen chemischen Verbindung, die als Chelat bekannt ist, wie das oben gezeigte Eisen, noch weitere Vorteile

Ein Spurenelement, das mit einem Molekül in Form eines Chelats fest verbunden ist, verhindert, dass es mit anderen Substanzen reagiert. Dennoch ist der Nährstoff immer noch vollständig verfügbar, wenn das Chelat von der Pflanze aufgenommen wird. Dadurch wird die Situation vermieden, die manchmal bei der Verwendung von Sulfaten eintritt, wenn das Sulfat unlöslich und für die Pflanze unbrauchbar wird. In ähnlicher Weise kann es zu einer Reaktion mit löslichen Phosphaten kommen, die dazu führt, dass sowohl die Spurenelemente als auch die Phosphate "eingeschlossen" werden. Vor allem Eisen sollte in die chelatförmige Nährstoffmischung eingebracht werden. Es ist zwar teurer als Eisensalze, erfordert aber nur geringe Mengen.

Die Verwendung von Eisensalzen wie Eisensulfat in Ihrer Kombination führt zu Problemen mit Eisenausfällungen im System, die regelmäßige Wasserspülungen und einen regelmäßigen Austausch der Nährlösung erfordern. Die meisten Spurenelemente können in Chelatform in die Nährlösung eingebracht werden, mit Ausnahme von anorganischem Bor und Molybdän, die nicht chelatiert werden können.

Dies sind also die wichtigsten Rezepturen, die ich für Nährstoffmischungen vorschreiben würde. Sie bieten eine ausgewogene Ernährung für ein schnelles und vor allem gesundes Wachstum Ihrer hydroponisch angebauten Pflanzen. Nun, da Sie die Rezepturen kennen, können Sie versuchen, diejenige zu mischen, von der Sie glauben, dass sie Ihren Bedürfnissen entspricht, oder Sie kaufen eine fertige Mischung. Wenn Sie Ihre Mischung kaufen, müssen Sie nur Teil A und Teil B abwiegen, damit Sie das richtige Verhältnis gemäß den Angaben auf der Verpackung erhalten, und sie dann auf den erforderlichen Wassergehalt auftragen.

Solange es sich um eine zuverlässige "zweiteilige" Nährstoffkombination handelt, werden die Ergebnisse bei Bedarf erzielt. Hüten Sie sich vor einkomponentigen Pflanzennährstoffen, die in der Werbung als für den Hydrokulturanbau geeignet angepriesen werden. Es gibt viel auf dem Markt, das trotz gegenteiliger Behauptungen für den hydroponischen Anbau wertlos ist.

KAPITEL VIER
Ausrüstung

Bei der Auswahl der Ausrüstung für hydroponische Systeme gibt es zwei wichtige Dinge zu beachten. Zum einen muss jedes Material, das die Nährlösung enthält, lichtdicht sein. Zum anderen dürfen die Produkte, die mit der Nährlösung in Berührung kommen, keine Verunreinigungen abgeben, die das Gleichgewicht der Nährlösung stören (wie z. B. der Messingarm am Schwimmerventil). Der Preis ist sicherlich wichtig, aber die ersten beiden Faktoren dürfen nicht überbewertet werden.

Lagertanks
Plastikeimer mit abgeschnittenen Deckeln und Plastikmülleimer sind zwei Arten von billigen und leicht

erhältlichen Fäkalientanks, die alle erforderlichen Anforderungen erfüllen sollten. Edelstahl ist ein geeignetes Material, da die Mineralienlösung es nicht angreift. Betonbehälter können ebenfalls verwendet werden, sollten aber gealtert werden, um sicherzustellen, dass Kalk und andere Verunreinigungen aus der Betonoberfläche ausgelaugt werden. Ein Versiegelungsanstrich ist eine Möglichkeit, dieses Problem zu lösen.

Nährstoffzeilen

PVC-Rohre in Lebensmittelqualität sind das am besten geeignete Material für den Transport der Nährlösung. Es gibt eine Vielzahl von Kunststoffen, die für die Verwendung als Nährstoffleitungen geeignet sind, man sollte nur darauf achten, dass sie lichtdicht sind. Schwarze oder dunkel gefärbte Rohre sind gut geeignet, um Licht fernzuhalten und die Sonnenwärme aufzunehmen.

Pumpen

Die Aquarienpumpen vom Typ Vibrator funktionieren gut in den mit Aggregaten gefüllten Venturi-Systemen. Sie können auch in größeren Systemen verwendet werden, um einen Schlauch unter Druck zu setzen, über den dann Säure in das System geleitet werden kann. Dies wird in dem Kapitel über die Einrichtung eines Systems ausführlich beschrieben. Tauchpumpen sind geeignet, aber Sie müssen darauf achten, dass sie keine metallischen Bestandteile haben, die das Nährstoffgemisch verunreinigen könnten. Diese Pumpen gibt es als Niederspannungspumpen mit einer Leistung von etwa 20 Watt bis hin zu Pumpen mit mehreren Pferdestärken, die über das Stromnetz betrieben werden. Die durchschnittliche Heimanlage kann mit einer 40- bis 60-Watt-Pumpe erfolgreich betrieben werden. Für größere Anlagen gibt es eine Reihe von Pumpen.

Ventile

Absperrventile, die an strategischen Punkten angebracht sind, können vor allem in größeren Hydrokultursystemen praktisch sein. Sie ermöglichen es Ihnen, an Teilen des Systems zu arbeiten, ohne alles abschalten zu müssen. Auch diese Ventile sollten aus PVC oder rostfreiem Stahl gefertigt sein. Ein weiterer Aspekt größerer Systeme, der im Kapitel über die Einrichtung beschrieben wird, ist die Notwendigkeit eines Schwimmerventils oder Kugelhahns zur Steuerung der Wassernachfüllung.

Es ist erstaunlich, wie viel Wasser Pflanzen verbrauchen. Deshalb muss bei praktisch jedem System, das größer ist als ein Blumenkasten oder ein Terrassengarten, eine Wasserzufuhr in die Nährlösung fließen, um das verbrauchte Wasser zu ersetzen. Dies lässt sich leicht durch ein

Schwimmerventil oder einen Kugelhahn regeln, der den Durchfluss stoppt, wenn er einen bestimmten Wert erreicht. Wenn das Ventil nicht mit der Nährlösung in Berührung kommt, kann es aus Messing oder einer anderen Legierung bestehen, aber ich denke, Sie werden feststellen, dass Kunststoffventile im Allgemeinen billiger sind und besser funktionieren.

Anbaubehälter

Es gibt eine fast unbegrenzte Anzahl von Behältern, die Sie in einem hydroponischen System verwenden können. Wenn der Behälter nicht lichtdicht ist oder die Gefahr besteht, dass er die Nährlösung verunreinigt, können Sie ihn mit Plastikfolie auskleiden. Schwarzes Polyäthylen ist am billigsten und hat eine lange Lebensdauer. Abgeschnittene Kunststofffässer sind eine kostengünstige Möglichkeit, einen großen Anzuchtbereich einzurichten. Die Fässer können in einer Reihe aufgestellt und mit Zuschlagstoffen befüllt werden. Die Nährstoffmischung wird aus dem Vorratsbehälter durch Zuführungsrohre in jedes Fass gepumpt.

Das Hauptzuführungsrohr verläuft in der Mitte der Trommelreihe, von der kleinere Rohre zu den einzelnen Trommeln abzweigen. Im Betrieb fließt der Nährstoff in der Nähe des oberen Teils des Aggregats ein und läuft zum Boden jedes Fasses ab. Von dort wird die Nährlösung durch Abflussrohre zurück in den Vorratsbehälter geleitet. Ein 15 mm (1/2") Polyethylenrohr sollte groß genug sein, um die Nährlösung aus jedem Fass zurück in das Hauptabflussrohr zu leiten, das zum Auffangbehälter führt. Dies ist eine einfache, aber effektive Methode, um ein großes System mit preiswerten Anzuchtbehältern aufzubauen.

Für den Schrottwert können Sie alle Arten von ausgedienten Behältern kaufen und sie für die Verwendung in einem hydroponischen System anpassen. Für den Anfang eignen sich alte Betonwaschkübel für die Verwendung in gefüllten Aggregatsystemen.

In den hydroponischen Systemen von NFT gibt es auch eine breite Palette von Rohren und anderen Materialien, die als Gullys verwendet werden können. Regenwasserprodukte sind ideal, sie können effektiv mit Kunststoffspritzern, Kunststofffallrohren und sogar langlaufenden Dachprodukten verwendet werden. Sie können Kunststofflöcher bohren, durch die die Pflanzen wachsen können.

Verwenden Sie weißes Polyethylen oder Panda-Folie (coextrudierte schwarz-weiße Kunststofffolie), um die Gullys zu verdecken und die Nährlösung vor Licht zu schützen, während Sie Dachrinnen und andere Materialien verwenden, die einen offenen Gully bilden. Löcher für die Pflanzen lassen sich leicht in Polyethylen einbringen. Sie können sogar Ihre eigenen hölzernen Gullys herstellen und sie mit Polyethylen auskleiden. Polyethylen kann auch verwendet werden, indem man es selbst zusammenfaltet und die Ränder mit Wäscheklammern an der Oberseite zusammenklemmt. Wenn eine Seite einer Pflanze abgeschnitten wird, helfen die Wäscheklammern auch, die Pflanze zu stützen.

C F (Leitfähigkeit) Prüfgeräte

Der Wert der Geräte zur Analyse der Nährstofflösung sollte nun klar sein. Vor der Erfindung von Testgeräten mussten die Landwirte eine bestimmte Menge an Nährstoffen auf ein bestimmtes Wasservolumen aufbringen, das dann die gewünschte Stärke einer Nährlösung ergab. Diese konnte dann für einen bestimmten Zeitraum verwendet werden, bevor sie entsorgt und durch eine neue, frische Mischung ersetzt wurde.

Dies ist eine verschwenderische Praxis, da davon ausgegangen wird, dass alle Nährstoffe in der Lösung von den Pflanzen in der Zeit, in der sie verwendet wurde, genutzt wurden. Tatsächlich konnte wahrscheinlich nur ein Teil der Nährstoffe verwendet werden, und abgesehen von etwaigen Mangelerscheinungen der Pflanzen hätte der Landwirt keine Ahnung gehabt, wann die verschiedenen Nährstoffbestandteile aufgebraucht waren. Heute gibt es zugelassene Labors, in denen die Landwirte ihre Nährstoffmischungen testen können.

Sie können ein Atomabsorptionsspektrometer verwenden, das in der Lage ist, die Nährstoffmischung zu analysieren und die verschiedenen Elemente in der Mischung in Teilen pro Million abzulesen. Diese Art von Technologie ist viel zu komplex, kostspielig und zu genau, als dass sie von den Hydrokultur-Landwirten täglich eingesetzt werden könnte. Besser geeignet ist das bereits beschriebene CF-Messgerät, das die Stärke der Nährstofflösung misst. Sie sind einfach zu handhaben und sowohl für gewerbliche Züchter als auch für Heimanwender leicht erhältlich.

Es gibt verschiedene Arten von CF-Messgeräten. Ältere, manuelle CF-Messgeräte bestehen in der Regel aus zwei

Skalen und einem Nullstellungs- oder Nullmessgerät. Der Bediener misst zunächst die Temperatur der Lösung, um die Nährlösung zu testen, und stellt diese dann an der Temperaturskala ein, die in der Regel Einstellungen zwischen 15 °C und 40 °C hat. Einige der Nährlösungen füllen dann den Probenbecher im Messgerät mit. Der zweite Drehknopf wird gedreht, bis die Nadel im Messgerät auf Null fällt.

Der CF-Wert wird durch die Position der zweiten Skala angezeigt. Das Messgerät enthält eine Temperaturanpassung, da dies einen erheblichen Einfluss auf die CF-Messung hat. Die CF-Werte sind in der Regel bei einer normalen Temperatur von 20 ° C angegeben. Die Temperatur der Nährlösung ändert sich für jedes Grad Celsius, wird der CF-Wert um etwa zwei Prozent ändern. Dies kann einen erheblichen Unterschied ausmachen, so dass die Messgeräte in der Lage sein müssen, Temperaturschwankungen zu berücksichtigen. Neue Messgeräte mit automatischer Leitfähigkeit (CF), automatisch Konto für Temperaturunterschiede von der normalen Temperaturmessung von 20 ° C. Solche Zähler minimieren auf ein Minimum die Kontrollen.

Es gibt keine Tests, Sie müssen nur den Sondenabschnitt des Messgeräts in die Nährlösung eintauchen. Das Messgerät registriert dann für Sie den CF-Wert, angepasst an eine digitale Anzeige für die Temperatur. Das Einzige, woran der Bediener denken muss, ist, das Gerät lange genug in der Lösung zu lassen, damit der Temperaturdetektor die Temperatur korrekt auswerten kann. Solche Messgeräte gibt es sowohl als Netz- als auch als Handgeräte.

Die Inline-Einheiten haben an beiden Enden Anschlüsse, um sie in die Nährstoffzufuhrleitung zu stecken, die den

Anbaubereich versorgt. Das Messgerät liefert dann konstante CF-Messwerte über den Zustand der Nährstoffmischung. Ein zusätzlicher Vorteil, der von einigen Anbietern angeboten wird, ist die Möglichkeit, die Werte in anderen Leitfähigkeitsmaßen wie der EC-Skala und der TDS-Skala (Total dissolved solids - nicht empfohlen) abzulesen.

Hydroponische Steuerungen

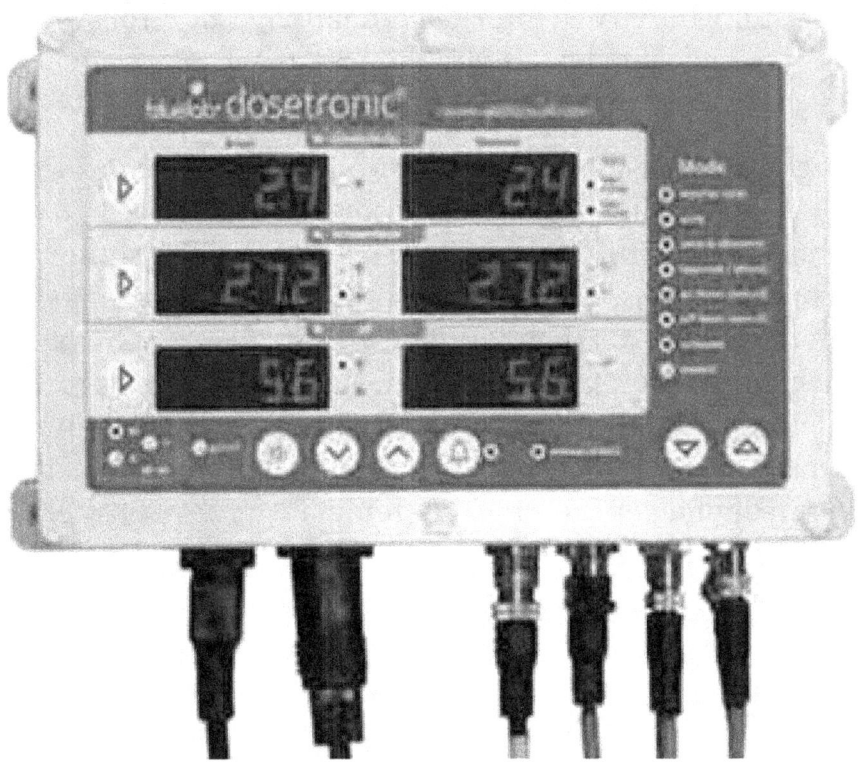

Mit Hilfe eines CF-Messgeräts kann der Hydrokulturanbauer die Stärke der Nährstoffmischung schnell einschätzen und bei Bedarf mehr Nährstoffe in den Tank geben. Das mag nach viel

Arbeit klingen, aber beachten Sie, dass auch Pflanzen, die in der Erde gedeihen, Nährstoffe benötigen. Der Unterschied besteht darin, dass man einen Nährstoffmangel bei Pflanzen, die im Boden wachsen, erst dann feststellt, wenn die Symptome des Mangels auftreten, und dann ist es fast zu spät. Infolgedessen müssen Sie regelmäßig Düngemittel in Mengen ausbringen, die ziemlich verschwenderisch sind. In einem Hydrokultursystem müssen nur die Nährstoffe ersetzt werden, die von den Pflanzen tatsächlich verbraucht werden. Die Pflanzen verbrauchen zwar große Mengen an Nährstoffen, erzielen dabei aber ein phänomenales Wachstum. Durch den Einbau automatischer Kontrollsysteme kann die Leistung Ihres Hydrokultursystems noch weiter gesteigert werden.

Mit einem automatischen CF-Controller können Sie den CF-Gehalt, den Sie in Ihrem System beibehalten wollen, im Voraus einstellen. Wenn die Pflanzen so viele Nährstoffe verbrauchen, dass die CF-Menge der Nährstoffmischung unter den eingestellten Wert fällt, löst der Regler automatisch eine Pumpe oder ein Magnetventil aus, wodurch weitere Nährstoffkonzentrate in den Vorratsbehälter fließen, bis die Konzentration der Nährstofflösung über den eingestellten Wert fällt und der Dosierzyklus automatisch abgeschaltet wird. Die meisten CF-Steuerungen haben auch Alarme für hohe und niedrige Werte. Sie ertönen und warnen Sie, wenn z. B. der Tank leer ist oder ein Ventil oder eine Pumpe defekt ist. Ein professioneller Züchter mit einem großen Netzwerk würde die automatische Steuerung ernst nehmen. Einmal installiert, muss der Gärtner nur noch die Pflanzen beschneiden, ernten und austauschen sowie die Tanks gelegentlich nachfüllen. Auch für Hausgärtner sind CF-Controller gut geeignet.

Das bedeutet, dass Sie in den Urlaub fahren können, während Ihre Nährstofflösung bei Bedarf automatisch vom Steuergerät angepasst wird. Die Steuergeräte, die jetzt in Neuseeland hergestellt werden, sind für die Steuerung sowohl der CF als auch des anderen wichtigen Indikators Ihrer Nährlösung, des pH-Werts, zuständig. Die Steuergeräte basieren auf den CF- und pH-Messgeräten mit zusätzlichen Steuerelementen, die es Ihnen ermöglichen, die jeweils erforderlichen Werte, auf die das Steuergerät die Nährlösung einstellt, im Voraus festzulegen.

PH-Messgeräte

Wenn Sie bereit sind, die Nährlösung manuell zu wechseln, ist ein pH-Meter ebenso nützlich wie ein CF-Meter, um den Zustand der Nährlösung zu bestimmen.

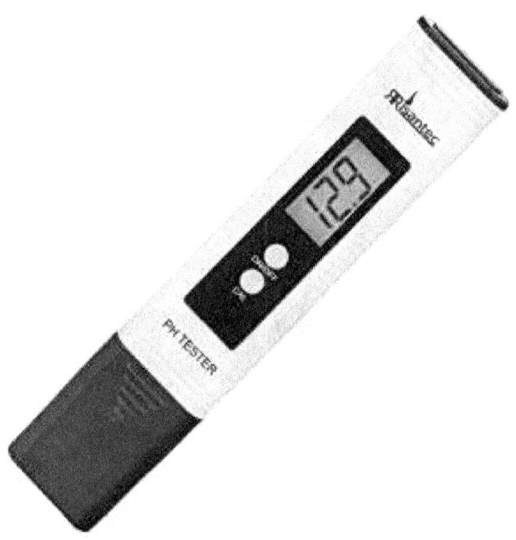

Nur ein pH-Meter, mindestens hydroponische Systeme könnten betrieben werden. Für Schwimmbäder könnten Sie einen Farbindikator Band oder die Art Lösung in Kit-Form zur Verfügung gestellt zu verwenden. Das System funktioniert so lange, wie das Farbmessgerät in gutem Zustand ist. Die einzige Möglichkeit zu überprüfen, ob der Indikator den richtigen Wert anzeigt, besteht darin, ihn in einer Lösung auszuprobieren, deren pH-Wert man bereits kennt, um zu sehen, ob man das richtige Ergebnis erhält. Dies nennt man eine "Pufferlösung". Normalerweise lohnt es sich nicht, dies ohne ein richtiges pH-Messgerät zu versuchen. Die Kosten für ein Messgerät sind minimal und die Ergebnisse sind genauer, vor allem, wenn Sie unter Farbenblindheit leiden.

Das pH-Meter ist im Grunde ein hochempfindliches Voltmeter, das den elektrischen Druck misst. Reines Wasser hat überhaupt keine Spannung, aber sowohl in sauren als auch in alkalischen Lösungen wird eine winzige Menge an Elektrizität erzeugt. Sie ist zu gering, um mit einem normalen Voltmeter gemessen zu werden. Das pH-Messgerät verfügt über einen einzigartigen Verstärker, der die Leistung der pH-Sonde, die in die Messlösung gelegt wird, erhöht. Nach der Verstärkung wird das in der Sonde erzeugte Spannungssignal von einzelnen Schaltkreisen modifiziert, um Temperaturschwankungen auszugleichen, da die pH-Messwerte ebenso wie die CF-Messwerte von der Temperatur beeinflusst werden, allerdings in einem viel geringeren Maße. Das Messgerät liefert dann eine digitale Anzeige, die Ihnen den pH-Wert der getesteten Lösung anzeigt.

Das pH-Messgerät nimmt ein minimales Signal auf, multipliziert es, passt es an und wandelt es dann in einen pH-Wert um, daher muss bei der Verwendung des Messgeräts auf die Genauigkeit der Messwerte geachtet werden. Die Probe sollte in gereinigtem oder deionisiertem Wasser mit einem neutralen pH-Wert von 7 gewaschen werden. Die Probe kann dann durch Einlegen in einen Puffer getestet werden. Die Sonde wird zunächst in eine Pufferlösung gelegt, von der Sie wissen, dass sie einen pH-Wert von 7 hat. Es kann sein, dass das Messgerät nicht 7 anzeigt, so dass das Pufferabgleichsystem angepasst werden muss, bis das Messgerät einen pH-Wert von 7 anzeigt. Der nächste Schritt besteht darin, die Sonde in eine Pufferlösung mit einem pH-Wert von 4 (oder 10, es muss nur vom neutralen Wert von 7 abgewichen werden) zu legen, so dass der zweite Abgleich vorgenommen wird. Wenn Sie die Sonde in Ihre Nährlösung tauchen, ist das Messgerät nun bereit, eine genaue Anzeige zu liefern.

Die neuen Messgeräte haben Mikroprozessoren in ihren Schaltkreisen, die die automatische Kalibrierung viel einfacher machen. Lesen Sie daher unbedingt die mit dem

Messgerät gelieferte Anleitung, um die beste Leistung zu erzielen. Stellen Sie sicher, dass Sie die Sonde nach dem Ablesen des pH-Meters immer in Süßwasser waschen.

Außerdem müssen Sie die Sonde feucht halten, wenn sie nicht in Gebrauch ist, da die Sonde niemals austrocknen sollte. Dieses Verfahren mag kompliziert erscheinen, aber nachdem Sie Ihren Hydrokultur-Garten eingerichtet haben, werden Sie feststellen, dass es nur ein paar Minuten Ihrer Zeit in Anspruch nimmt. Wenn Sie Ihre Nährstoffmischung regelmäßig testen und anpassen, werden Sie gute Ernten erzielen und viel weniger Zeit für das Unkrautjäten benötigen als in einem konventionellen Garten. Denken Sie auch daran, dass im Gegensatz zu einem Garten in der Erde, ein hydroponischer Garten seine pH- und CF-Werte mit Hilfe von automatischen Dosiergeräten, von denen einige der führenden Designs aus Neuseeland stammen, getestet und angepasst werden können.

KAPITEL FÜNF
Einrichten eines Systems

Die grundlegenden Schritte bei der Einrichtung eines kleinen Anbaubereichs mit einer Luftpumpe wurden bereits beschrieben. Dieses System kann erweitert werden, obwohl es einige Punkte gibt, die zu beachten sind, wenn die Größe Ihres Systems zunimmt. In einem mit Zuschlagstoffen gefüllten Garten sollten Sie zum Beispiel von Zeit zu Zeit die Abfluss- und Zuleitungsrohre überprüfen, um sicherzustellen, dass sie nicht durch das Wurzelwerk der Pflanzen verstopft sind.

Das größere System, das Sie jetzt einrichten können, wird ebenfalls eine Reihe von Punkten aufwerfen, die für die meisten großen Hydrokultursysteme relevant sind. Dies kann immer noch ein einfaches System sein, das für die Versorgung mehrerer Personen und ein manuelles Testsystem ausgelegt ist, aber der schrittweise Installationsplan enthält auch die für die Automatisierung des Systems erforderlichen Informationen.

Schritt eins: Überprüfen der Wasserversorgung

Der erste und einer der wichtigsten Schritte bei der Einrichtung eines Hydrokultursystems besteht darin, die Qualität der Wasserversorgung zu überprüfen. Das Wasser ist die Grundlage für die Nährstoffmischung, den zentralen Teil des gesamten Hydrokultursystems. Wenn Ihr Wasser von einer lokalen Behörde aus einer Wasseraufbereitungsanlage geliefert wird, gibt es wahrscheinlich keine Probleme. Erkundigen Sie sich bei Ihrem städtischen Bauamt, das Ihnen in der Regel eine Wasseranalyse vorlegen kann. Wenn Ihr Wasser aus einem Brunnen oder einer Bohrung stammt, sollten Sie eine Probe analysieren lassen, um sicherzustellen, dass das Wasser nicht mit irgendwelchen Elementen überladen ist.

Die Höchstwerte der einzelnen Elemente, die Pflanzen tolerieren können, sind in Teilen pro Million angegeben:

Natrium_____180 ppm
(wenn nur Salat angebaut wird, sollte dieser Wert nur 20ppm betragen)

Kalzium_____100 ppm

Chlorid_____70 ppm

Bor_____0.2 ppm

Sulfat_____80 ppm

Magnesium_____45 ppm

Karbonate_____60 ppm

Elemente wie Natrium, Eisen und Zink werden für Pflanzen giftig, wenn sie in zu hoher Konzentration vorhanden sind. Im Allgemeinen ist Ihr Wasser akzeptabel, wenn die folgenden Werte nicht überschritten werden.

Eine Wasserversorgung, die mit einem der Elemente überlastet ist, kann für den menschlichen Verzehr durchaus akzeptabel sein, sich aber in einem Hydroponiksystem als unbrauchbar erweisen. Wenn Ihr Wasser einer der wenigen Fälle ist, in denen eine Verunreinigung nicht herausgefiltert werden kann, müssen Sie möglicherweise eine alternative Wasserversorgung in Betracht ziehen. Regenwasser ist oft eine gute Alternative.

HINWEIS: Wenn die Werte außerhalb der angegebenen Werte liegen, sollte eine Expertenmeinung eingeholt werden, um sowohl die erforderlichen Formeln als auch die Pflanzen, die unter diesen Bedingungen akzeptabel wachsen würden, zu bestätigen.

Wenn Sie z. B. Pflanzen mit einem CF-Wert von 25 hydroponisch anbauen wollten und Wasser mit einem Überschuss an Natrium verwendeten, könnten Sie feststellen, dass der CF-Wert Ihrer Nährlösung viel höher ist als die von Ihnen benötigten 25 CF-Einheiten.

Das liegt daran, dass das Wasser möglicherweise einen CF-Wert von etwa 22 hatte, bevor Sie ihm überhaupt eine Nährstoffmischung zugesetzt haben. Der Natriumüberschuss in Ihrer Wasserversorgung wäre für diesen Wert verantwortlich. Dies ist nur ein Beispiel dafür, was passieren kann, wenn Sie Ihre Wasserversorgung nicht überprüfen, bevor Sie beginnen. Die meisten Hydrokulturanbauer werden nie mit diesem Problem konfrontiert, aber es lohnt sich trotzdem, es zu überprüfen.

Alle Behälter, die nicht inert sind, sollten mit zwei Schichten Bitumenfarbe gestrichen werden, um sicherzustellen, dass sie keine schädlichen Stoffe an die Nährlösung abgeben.

Schritt zwei: Planung der Anbaufläche

Der nächste Schritt beim Anlegen eines Hydrokulturgartens besteht darin, die Anordnung der Rinnen oder Anbauflächen zu planen. Halten Sie die Anbaufläche deutlich über dem Bodenniveau. Dies hilft Ihnen, das Gemüse sauber zu halten und sorgt für eine gute Luftzirkulation, was besonders wichtig ist, wenn Sie in einem Gewächshaus anbauen. Lassen Sie immer genügend Platz zwischen den Anbauflächen, damit Sie problemlos ernten und neue Pflanzen setzen können. Sie können die Größe der Anbauflächen vergrößern oder verkleinern und ihre Anordnung entsprechend Ihrer eigenen Situation ändern, solange Sie einige Grundprinzipien einhalten. Der erste ist, dass das Mindestgefälle für NFT-Gullys mindestens eins zu vierzig betragen muss. Dies entspricht einer Erhöhung von 1 cm an einem Ende des Gullys pro 40 cm Länge. Der Durchfluss zu jedem Gully sollte etwa einen Liter pro Minute betragen, wobei die Erfahrung zeigen wird, um wie viel man diesen Wert reduzieren kann. Wenn Sie die Nährlösung schneller als nötig durch Ihr System pumpen, wäre das eine Verschwendung von Strom und könnte zu unerwünschten Pfützenbildungen und Wurzelsterben führen.

Die Größe und Länge der NFT-Gullys hängt ganz von der Art der angebauten Pflanzen ab. Salat zum Beispiel ist kein großer Fresser, so dass Gullys mit einem Durchmesser von 100 mm, einer Höhe von 50 mm und einer Länge von bis zu 18 Metern erfolgreich eingesetzt werden können. Tomaten hingegen sind sehr starke Fresser und haben eine kräftige Wurzelstruktur, die eine gute Versorgung mit Sauerstoff und Nährstoffen erfordert, so dass die Länge der Gullys reduziert werden muss. Die Verwendung von zu langen Gullys würde dazu führen, dass die Pflanzen am Ende der Gullys eine schlechte Wurzelgesundheit aufweisen. Eine gute Länge der Gullys für Tomaten ist 10 Meter, obwohl diese Länge auf bis zu 15 Meter verlängert werden kann, vorausgesetzt, der Gully ist ausreichend groß, korrekt installiert, um Nährstoffansammlungen zu vermeiden, hat ein Gefälle von mindestens 1:40 und ist mit einer Durchflusskontrolle ausgestattet, um die Menge der in den Gully eintretenden Nährstoffe zu begrenzen.

Einige Züchter verwenden zusätzliche Zuführungsrohre, die in Abständen entlang extrem langer Gullys verlegt werden. Dies ist keine empfehlenswerte Methode, um längere Gullys zu verwenden. Sie sollten immer die gesamte Nährstoffmischung am Kopf des Gullys einbringen, da die abgestandene Nährlösung durch den Zufluss der nachgefüllten Nährlösung aus dem Gully verdrängt wird. Dies geschieht möglicherweise nicht so effektiv, wenn der Zufluss der Nährlösung auf mehrere Eintrittsstellen verteilt wird. Besser wäre es, eine größere Anzahl von Gullys in kurzen Abschnitten mit ausreichendem Durchfluss zu verwenden. Denken Sie daran, wie wichtig Sauerstoff für die Pflanzen ist. Die verbrauchte Nährlösung muss wirksam in den Vorratsbehälter zurückgeführt werden, damit die Abgase abgeführt werden können und die Pflanzen frischen Sauerstoff und Nährstoffe erhalten.

Eine neuere Praxis bei NFT-Gullys ist die Verwendung einer Kapillarmatte zur Auskleidung des Gullys. Dieses Material wirkt wie Löschpapier und sorgt dafür, dass sich die Nährstofflösung über den gesamten Boden des Gullys verteilt. Die permanente Kapillarmatte eignet sich hervorragend für den kommerziellen Einsatz, da alle Pflanzen und ihr Wurzelmaterial zusammen mit der Matte auf einmal entfernt werden können. Bei einem hydroponischen Garten zu Hause kann sie jedoch lästig sein, wenn man nur eine Pflanze entfernen will, da die Wurzeln der Pflanze durch die Kapillarmatte hindurchgewachsen sind. In den meisten Fällen ist die Matte unnötig, es sei denn, die Pflanzen sind sehr klein. In diesem Stadium besteht die Möglichkeit, dass sich das Wurzelsystem der Pflanze nicht im Weg des Nährstoffflusses befindet.

Dieses Problem lässt sich leicht lösen, indem man entweder kleine Papiertuchstücke unter die Wurzeln sehr kleiner Pflanzen legt oder ein Stück der Einweg-Kapillarmatte, die sich nach etwa zehn Tagen auflöst, nachdem sie zum ersten Mal befeuchtet wurde. Diese wirken wie Löschpapier, bis sich die Wurzeln entwickelt haben und sich das Material allmählich auflöst. Die Materialstücke werden von einem Sieb aufgefangen, das auch kleine Pflanzenteile entfernt, bevor sie in den Fäkalientank gespült werden. Dies trägt dazu bei, das System sauber zu halten.

Das Aufstellen von mit Aggregaten gefüllten Behältern ist recht einfach. Die im Abschnitt über Anzuchtbehälter unter Verwendung von Fässern beschriebene Anordnung kann erweitert werden, bis die gewünschte Anbaufläche erreicht ist, oder Sie können große Schalen verwenden, wie sie in diesem Kapitel für das duale System dargestellt sind. Die Größe der mit Aggregaten gefüllten Behälter kann je nach der Größe des Auffangbehälters, für den Sie Platz haben, variieren. Wie Sie die benötigte Größe bestimmen, wird im Abschnitt über Fäkalientanks ausführlich erläutert. Beim Befüllen von Behältern mit Zuschlagstoffen sollten Sie darauf achten, dass Sie am Boden gröberes Material verwenden, das mit zunehmender Füllung des Behälters feiner wird. Zum Schluss kommt eine Schicht aus etwas gröberem Material auf die Oberfläche. Eine 1cm tiefe Schicht aus 4 mm oder 5 mm Splitt funktioniert gut, so dass die Oberflächenschicht trocken und frei von Algenwachstum bleibt.

Schritt drei: Der Fäkalientank
Die Größe der Vorratsbehälter hängt von der Größe der zu versorgenden Anbaufläche und der Art des Systems ab.

Manuelle Test- und Dosiersysteme haben andere Anforderungen als automatische Dosiersysteme.

Manuelle Systeme

Bei manuellen Test- und Dosiersystemen gibt es praktisch keine Obergrenze für die Größe des Vorratsbehälters, sondern nur eine Mindestgröße. Die Mindestgröße des Vorratsbehälters kann genau bestimmt werden, sobald Sie Ihre Gullys, Anzuchtbehälter, Zu- und Abflussrohre und Ihre Pumpe eingerichtet und betriebsbereit haben. Wählen Sie einen Behälter aus, der Ihrer Meinung nach genug Wasser fasst, um das System zu füllen, wobei Sie etwas zusätzliches Wasser einplanen sollten. Füllen Sie den Behälter mit Wasser und pumpen Sie es um das System herum, während Sie den Behälter weiter füllen.

Wenn das Wasser durch alle Gullys und Anzuchtbehälter und zurück in den Zwischentank fließt, können Sie aufhören, ihn mit Wasser zu füllen, aber die Pumpe laufen lassen, damit das Wasser weiterhin durch das System zirkuliert.

Nun können Sie langsam Wasser aus dem Behälter ablassen, bis Sie die Mindestmenge erreicht haben, die für eine angemessene Wartung der Pumpe erforderlich ist. Wenn Sie diese Menge erreicht haben, hören Sie auf, Wasser abzulassen, und schalten Sie die Pumpe aus. Lassen Sie das Wasser in den Gullys und Anzuchtbehältern zurück in den provisorischen Auffangbehälter ablaufen. Dies wird wahrscheinlich zwischen fünf Minuten und einer halben Stunde dauern. Danach haben Sie die Mindestmenge an Wasser, die für den Betrieb des Systems in Ihrem Tank erforderlich ist.

Nachdem Sie herausgefunden haben, welche Mindestmenge an Flüssigkeit für den Betrieb Ihres Systems erforderlich ist, können Sie einen Fäkalientank in der entsprechenden Größe beschaffen. Sie werden überrascht sein, wie viel Wasser sich im System befindet. Wenn Sie die Wassermenge im System nicht berücksichtigen, wenn Sie sich für eine Größe für den Fäkalientank entscheiden, wird das System überflutet, sobald es einen Stromausfall gibt oder die Pumpe ausfällt.

Das Becken muss unter Umständen noch wesentlich mehr Flüssigkeit aufnehmen können als die Mindestmenge, die Sie bei Ihrem Probelauf festgestellt haben. Denn wenn das System komplett mit Pflanzen in Betrieb ist, muss die Menge der Nährlösung im System den Nährstoffbedarf aller Pflanzen für die Zeit zwischen den Tests und der Dosierung decken können.

Die Mindestmenge an Nährlösung, die benötigt wird, um das System mit Flüssigkeit zu versorgen und die Pumpe in Betrieb zu halten, könnte die Pflanzen ausreichend mit Nährstoffen versorgen, wenn Sie regelmäßiger testen und dosieren, beispielsweise zweimal am Tag. Mit anderen Worten: Wenn Sie die Mischung vor dem Frühstück und nach der Abendmahlzeit testen und dosieren, muss die Mindestmenge der verwendeten Nährstoffmischung die Pflanzen nur etwa 10 Stunden lang ausreichend mit Nährstoffen versorgen.

Wenn Sie sich dafür entscheiden, die Mischung nur einmal am Tag zu testen und zu dosieren, muss sie doppelt so lange halten, so dass ein größerer Vorratsbehälter erforderlich sein könnte/wird. Durch die Verwendung eines größeren Behälters als technisch erforderlich stellen Sie sicher, dass die Pflanzen ausreichend versorgt werden, insbesondere in

Zeiten starker Fütterung. Natürlich werden Überlegungen wie die effektive Nutzung des zur Verfügung stehenden Platzes sowie finanzielle Aspekte der Größe des Tanks Grenzen setzen, obwohl für manuelle Systeme theoretisch gilt: je größer, desto besser.

Automatische Systeme

Das effizienteste aller hydroponischen Systeme ist das automatisch kontrollierte und dosierte System. Die einfacheren Systeme funktionieren alle gut, aber um ihre Einfachheit zu bewahren, opfern sie einige Aspekte der Leistung. Sie können ganz ohne Testgeräte hydroponisch anbauen. Stattdessen wird alle zwei bis drei Wochen ein größeres Volumen an Nährlösung als tatsächlich benötigt vollständig ausgetauscht.

Abgesehen von der Verschwendung müssen Sie akzeptieren, dass Sie bei diesem System keine Ahnung haben, ob den Pflanzen während des gesamten Zeitraums genügend Nahrung zur Verfügung steht. Der Entsorgungs- und Substitutionszeitraum kann durch den Einsatz automatischer Testgeräte weit ausgedehnt werden, aber es wird immer noch Zeiträume geben, in denen der Nährstoff nicht das bestmögliche Wachstum liefert, weil sein Mechanismus im Laufe der Zeit außer Kontrolle geraten sein kann.

Sie werden bemerkt haben, wie gereizt Menschen werden, wenn sie eine regelmäßige Mahlzeit auslassen. Was Sie denken lässt, dass es bei Pflanzen anders ist. Deshalb die maximale Gerätedosierung auf Abruf 24 Stunden am Tag. So wird sichergestellt, dass zum Beispiel Pflanzen wie Tomaten, die nachts um 1 Uhr Nährstoffe aufnehmen, immer die Nährstoffe haben, die sie brauchen.

Die Größe des Vorratsbehälters für die Nährlösung muss sorgfältig auf den geringstmöglichen Flüssigkeitsbedarf des hydroponischen Systems abgestimmt sein, um die höchstmögliche Effizienz eines automatischen Test- und Dosiergeräts zu erzielen. Wie bei manuell getesteten und eingestellten Systemen gibt es keinen Spielraum für übermäßig große Vorratsbehälter. Der Grund dafür ist, dass das automatische System eine größere Leistung bei einer geringeren Menge an Nährstofflösung hat. Wenn Sie beispielsweise ein System betreiben, das automatisch auf ein Niveau von 25 C F-Einheiten eingestellt ist, könnten Sie feststellen, dass die Temperatur der Nährlösung im Laufe des Tages um bis zu 10 ° C ansteigt.

Für diesen Anstieg ist vor allem die Sonnenwärme verantwortlich, und jedes Grad Celsius, um das die Temperatur steigt, verändert den CF-Wert der Nährstoffmischung um zwei Prozent. Denken Sie daran, dass der scheinbare CF-Wert von der Temperatur beeinflusst wird. Automatische CF-Steuerungen verfügen über einen Temperaturmesskreis, der Temperaturschwankungen ausgleicht und den CF-Wert effektiv auf dem gewünschten Wert hält, allerdings gibt es Probleme mit Großraumtanks, die bis zum gewünschten CF-Wert dosiert werden. Wenn die Temperatur so stark schwankt, kann das System nicht mit den Veränderungen Schritt halten. Gegebenenfalls kann der Regler die Dosierung erhöhen, aber nicht verringern.

Automatische Systeme sind darauf angewiesen, dass die Pflanzen den CF-Wert der Nährlösung senken, indem sie die Nährstoffe aufbrauchen. In einem System mit einem kleinen Vorratstank würden die Pflanzen bald genug Nährstoffe verbrauchen, um den CF-Wert zu senken, aber in einem Tank mit großem Fassungsvermögen kann dies sehr lange dauern. In einigen Fällen kann sich die Temperatur erneut geändert haben, bevor dies erreicht wurde. Die Temperaturschwankungen zwischen Tag und Nacht können oft so extrem sein, dass dieses Problem auftritt. Die Alternative besteht darin, den Lagertank auf demselben Niveau wie bei der manuellen Methode auszulegen. Diese kleinstmögliche Größe sollte nicht überschritten werden, um sicherzustellen, dass die CF- und pH-Werte der Nährlösungen so genau wie möglich gehalten werden.

Das System verbraucht nur so viel Wasser, dass die Anbauflächen versorgt werden und die Pumpe in den Vorratstank eintaucht, so dass Sie sicherstellen müssen, dass der Pegel nicht weiter sinkt. Sie können dies tun, indem Sie das Nachspeiseventil so einstellen, dass neues Wasser nachfließt, sobald der Pegel unter den erforderlichen Wert fällt. Denken Sie daran, dass der CF-Wert auch auf ein kritisches Niveau ansteigen kann, wenn Sie zulassen, dass das Wasser verbraucht wird, ohne es rechtzeitig zu ersetzen. Wenn die Umkehrosmose in der Nährlösung zu stark ist, verlieren die Pflanzen ihre Feuchtigkeit, welken und sterben ab.

Schritt Vier: Installation einer automatischen Steuerung

Der erste und einer der wichtigsten Punkte bei der Installation eines automatischen Steuergeräts ist, dass es nicht in der Nähe von Wasser, Schmutz oder anderen Elementen, die den Betrieb des Geräts beeinträchtigen könnten, aufgestellt wird. Feuchte Bedingungen sollten vermieden werden, daher sollte eine gut belüftete Struktur gebaut werden, um den Regler fern von den Tanks und dem

Anbaubereich unterzubringen. Wenn die Bedingungen günstig sind, kann das Gerät auch im gleichen Raum wie die Fäkalientanks untergebracht werden, wobei es an einer Wand montiert werden sollte, damit es nicht spritzt oder tropft. Sie können mit der Installation des Steuergeräts beginnen, indem Sie ein Rohr in die Hauptnährstoffzufuhrleitung einbauen, sobald diese den Fäkalientank verlässt. An dieser Stelle sollte ein Wasserhahn angebracht werden, damit das Steuerungssystem abgestellt und bearbeitet werden kann, ohne dass das gesamte System abgeschaltet werden muss. Die Leitung führt von der Hauptnährstoffleitung zu einem kleinen Probenbehälter neben dem automatischen Regler, wo auch immer dieser platziert wurde.

Ein 16-mm-PVC-Rohr ist groß genug, um eine Probe eines Teils der Nährlösung bis zu diesem Behälter zu führen. In dieses Rohr kann eine CF-Inline-Zelle eingebaut und mit dem automatischen Regler verbunden werden. Um sicherzustellen, dass die CF-Zelle genaue Messwerte liefert, installieren Sie die Zelle in einem Winkel von 45° mit einem Rückschlagventil auf der Zufuhrseite und verwenden Sie auf beiden Seiten sichere Anschlüsse, um Luftlecks zu vermeiden. Wenn sich in der Zelle Luftblasen bilden, führt dies zu ungenauen Messwerten. Der automatische Regler verfügt auch über einen Anschluss für eine Temperaturkompensationssonde für die CF-Messung. Diese Sonde kann entweder im Haupttank oder im Probenbehälter angebracht werden. Einige Regler verzichten auf Inline-Zellen und verwenden einfach einen Tauchfühler mit eigenem Temperaturthermistor, der in den Probenbehälter eingesetzt wird.

Als nächstes wird die pH-Sonde in den Probenbehälter eingebaut. Dieser Behälter sollte unten einen Einlassstutzen und oben einen Auslass für die Rückführung in den Sammeltank haben. Die pH-Dosierleitung wird ebenfalls in den Probenbehälter eingeführt. Wie Sie sich aus dem Kapitel über die Ausrüstung erinnern, wurde betont, dass pH-Sonden niemals austrocknen dürfen, wenn sie einmal in Betrieb genommen wurden.

Der Glasmesskolben muss feucht und sauber gehalten werden. Beide Anforderungen können leicht erfüllt werden, indem die pH-Dosierleitung an den Probenbehälter angeschlossen wird, so dass Säure auf die pH-Sonde gegossen wird. Salpeter- und Phosphorsäure werden normalerweise verwendet, um den pH-Wert der Nährlösung zu verändern. Säure ist auch die beste Substanz für die Reinigung der pH-Sonde. Diese Anordnung ermöglicht eine Feinkontrolle des gesamten Nährstoff-pH-Wertes, denn sobald Säure in den Probenbehälter gepumpt wird, trifft sie auf die pH-Sonde, die mit dem automatischen Regler verbunden ist. Die Sonde sendet ein Signal an den Regler, der sofort die Säurezufuhr unterbricht, um eine Überdosierung zu vermeiden.

Die zweite Anforderung wird dadurch erfüllt, dass die Zuleitung zum Probenbehälter oberhalb der Höhe des Kolbenendes der pH-Sonde angebracht wird, so dass selbst beim Auslaufen des Probenbehälters noch eine Restmenge vorhanden ist, die die Sonde feucht hält.

Die Nährstoffe fließen aus dem Vorratstank durch Zuführungsrohre in die Anzuchtbehälter und fließen in einem automatisch gesteuerten System auf die gleiche Weise wie bei einer manuellen Anlage zurück. Von der Hauptzuleitung wird eine Leitung abgeleitet und eine Probe der Nährlösung zur Kontrolle entnommen. Diese Leitung enthält einen Abschalthahn, mit dem Sie das automatische System bei Bedarf abschalten können. Die Zuleitung ist mit einer Inline-CF-Messzelle verbunden, die in einem Winkel von 45° angeschlossen ist, um Luftblasen zu vermeiden, die zu falschen Messwerten führen. Die CF-Zelle meldet der automatischen Steuerung, wenn die Nährlösung zu schwach ist, und die Steuerung aktiviert die Betriebsmagnetventile (oder Pumpen), so dass zusätzliche Nährstoffe aus den Nachfülltanks in den Hauptbehälter fließen können. Der pH-Wert der Nährstoffmischung wird mit einer pH-Sonde gemessen, die sich im Probenbehälter der Nährlösung hinter der CF-Zelle befindet. Wenn der pH-Wert zu hoch ist, schaltet die Steuerung eine Luftpumpe ein, die den Vorratsbehälter für die Säure, mit der der pH-Wert der Nährlösung eingestellt wird, unter Druck setzt. Die Säure fließt durch das Rohr in den Probenbehälter und vermischt sich mit der Nährlösung, die über ein Überlaufrohr kontinuierlich in den Haupttank zurückfließt. Das System verfügt außerdem über ein Nachspeiseventil, über das zusätzliches Wasser in den Vorratsbehälter fließen kann, wenn das Volumen zu niedrig wird.

Ein Rohr, das der Säure standhält (PVC-Polyethylen), sollte den Vorratsbehälter für die Säure mit den Probenbehältern verbinden. Um die Säure nach oben in den Probenbehälter zu drücken, kann eine kleine Aquarienluftpumpe verwendet werden. Diese Pumpe ist an das automatische Steuergerät angeschlossen und wird vom Steuergerät aktiviert, wenn die pH-Sonde einen Anstieg des pH-Werts der Nährlösung feststellt.

Die Pumpe arbeitet, indem sie die Flüssigkeit in der Flasche durch das Rohr in den Schlauch drückt, wodurch sich der pH-Wert der Nährlösung ändert. Das automatische Steuergerät steuert eine Pumpe oder ein Magnetventil an, um die Nährstoffe in den zentralen Vorratsbehälter zu leiten. Das Steuergerät aktiviert die Pumpe, wenn es ein Signal von der CF-Zelle erhält, das anzeigt, dass die Stärke der Nährstofflösung gesunken ist. Wenn die CF-Zelle einen Anstieg der Nährlösungsintensität auf den am Gerät eingestellten Wert feststellt, wird die Pumpe abgeschaltet.

Die Prinzipien und der Betrieb eines automatisch gesteuerten Systems sind recht einfach, so dass es sowohl für den Heimanbauer als auch für den kommerziellen Anbauer machbar ist. Wenn Sie mit einem manuell kontrollierten und dosierten Gerät anbauen, werden Sie mit der Ausrüstung für CF- und pH-Kontrollen vollständig vertraut. Dadurch wird es einfacher, automatische Kontrollgeräte zu installieren, wenn Sie sich dafür entscheiden, die Funktionsweise der Testgeräte zu verstehen. In einem automatischen System muss die pH-Kontrollsonde einmal pro Woche gepuffert und die CF-Sonde alle drei bis vier Monate mit einem akzeptablen Reiniger, Jiff, Soft Scrub oder einer patentierten Reinigungssubstanz gewaschen werden.

Abgesehen von diesen regelmäßigen Kontrollen muss der Züchter, sobald ein automatisches System installiert ist, nur noch die Nachfülltanks für die Nährstoffe und den Tank mit der Säure leeren, um den pH-Wert der Nährlösung zu ändern. Denken Sie daran, dass Sie, wenn alles andere fehlschlägt, die Installations- und Betriebsanleitung des Herstellers der Anlage lesen sollten.

www.ingramcontent.com/pod-product-compliance
Lightning Source LLC
Chambersburg PA
CBHW071037080526
44587CB00015B/2663